Dr Th. PASCAL

La Théosophie

en

Quelques Chapitres

Prix : 50 centimes

PARIS
PUBLICATIONS THÉOSOPHIQUES
10, rue Saint-Lazare, 10

1900
Tous droits réservés.

LA THÉOSOPHIE

EN

QUELQUES CHAPITRES

Dʳ Th. PASCAL

La Théosophie

en

Quelques Chapitres

Prix : **50** centimes

PARIS
PUBLICATIONS THÉOSOPHIQUES
10, rue Saint-Lazare, 10

1900
Tous droits réservés

AVANT-PROPOS

Dans les quelques pages qui suivent, nous avons essayé de présenter de notre mieux les grandes lignes de l'enseignement théosophique. Les erreurs qui peuvent s'y trouver, nous les prenons entièrement à notre charge ; elles sont dues à l'insuffisance de notre instruction en ces hautes matières, et à l'imperfection bien grande de nos facultés : *la Théosophie n'en est pas responsable.*

Nous ne saurions trop insister sur ce point, car, dans une précédente brochure (1), nous avons commis la lourde faute de parler au nom de la Théo-

(1) L'*A. B. C. de la Théosophie.*

sophie, rendant ainsi la Vérité responsable de nos erreurs personnelles. Nous avons, par exemple, présenté certains aspects de la Prière si peu en rapport avec les nécessités du sujet, que nous avons été incompris, — ce qui est mauvais, — et, ce qui est très grave, en nous faisant mal comprendre, nous avons éloigné des plus consolantes doctrines qui existent, un certain nombre d'âmes qui venaient y étancher leur soif.

Il eût été pourtant facile de rendre ces passages acceptables, et même lumineux, en détaillant suffisamment le chapitre et disant que la plupart de ceux qui prient *demandent*; que la prière-demande est toujours mauvaise, parce le désir (1) est une force tendant à se

(1). Tous nos désirs s'accomplissent, — immédiatement, dans les mondes de l'au-delà, et après un temps plus ou moins long, sur le monde physique. La Loi répond toujours à notre appel ; l'expérience de l'âme se fait par les résultats produits par la réalisation de ces désirs, — ceci sera traité plus loin

réaliser, et que cette réalisation ne peut se faire, le plus souvent, qu'au prix d'un mal plus ou moins grand infligé à notre prochain (1); que, d'ailleurs, Dieu seul sait ce qui nous est nécessaire, qu'il nous aime infiniment plus que nous ne nous aimons, et que notre seule prière devrait être : *Fiat voluntas tua.*

Il eut été, aussi, nécessaire de faire comprendre qu'il est un moment, dans l'évolution, où l'homme franchit le stage humain et où sa conscience (2), en s'uni-

---

(page 54). Quand la réponse à nos désirs se fait attendre c'est que la force de désirs précédents fait momentanément obstacle à la réalisation du désir actuel, mais *l'on obtient ce qu'on veut* ; c'est une question de temps ou de force.

(1) Ceux qui prient, par exemple, pour obtenir le succès d'un projet de mariage, l'avancement en grade d'un officier, ou la réussite d'une affaire commerciale, ne se doutent pas que la force de leur prière peut réaliser une union qui sera malheureuse, un avancement qui exigera la mise à la retraite ou le décès d'un certain nombre d'officiers, ou un succès pécuniaire qui se fera aux dépens du prochain. Et il en est ainsi de presque toutes nos demandes.

(2) Son esprit, son âme.

fiant avec la conscience de Dieu, reçoit la révélation directe et la certitude parfaite de sa divine origine, et que, à ce stage élevé, l'être qui, par l'adoration s'unit à Dieu (1), ne peut plus « prier un Dieu séparé de lui », ni un « créateur extra-cosmique (2) ». Ces quelques mots, en effet, auraient suffi à enlever aux deuxième et troisième paragraphes du chapitre de la Prière, ce qu'ils avaient d'incompréhensible et même, — pour certains esprits, — de repoussant. Malgré tout, cet « aspect » de la Prière n'aurait pas dû entrer dans un A. B. C. de la Théosophie, car il ne pouvait s'appliquer à l'instruction de commençants.

Des remarques de même ordre pourraient être faites au sujet des significa-

(1) *Communie* avec Dieu : c'est la véritable signification de la cérémonie symbolique à laquelle l'Eglise chrétienne convie les enfants âgés de 12 ans.
(2) Pages 37 et 38 de l'*A. B. C. de la Théosophie.*

tions diverses qui, dans la même brochure, sont données au mot « Christ » (1). Qu'il nous suffise de répéter que partout où nous avons été maladroit, incomplet, obscur ou faux, le lecteur ne doit accuser que nous, et non les sublimes doctrines dont nous avons essayé de nous faire l'interprète.

D^r TH. PASCAL.

(1) Pages 41, 42, 43.
Dans un travail futur, nous reprendrons l'exposé de ces deux points, et nous donnerons beaucoup plus d'étendue à tout ce qui touche à l'*ésotérisme* chrétien. Le peu qui a été donné dans l'*A. B. C. de la Théosophie*, projette déjà une vive lumière sur le sens profond du Nouveau Testament.

LA VÉRITÉ

La Vérité c'est Dieu.

Comme lui, elle est partout. L'Univers est en elle, les formes baignent dans sa vie, nul être n'est hors de son sein maternel, rien n'est sans elle. Elle est infinie, plus grande que l'espace, plus durable que le temps ; elle est partout, et si elle n'est pas toujours également reconnaissable, si elle paraît partout différente d'elle-même, si elle semble parfois monstrueuse, c'est que l'œil imparfait des humains ne la voit qu'à travers les formes, et les formes l'obscurcissent et la déparent toujours. Mais c'est elle que tous les hommes, sans exception, adorent, et il n'est pas jusqu'au répugnant féticheur qui ne courbe son front devant des forces dont l'essence est divine bien que leurs véhicules soient souvent sataniques (1).

L'ESPRIT ET LA LETTRE

La Vérité étant infinie ne peut être exprimée pleinement par des êtres finis ; nul mot n'est capable de la définir, nulle pensée humaine ne lui est adéquate ; mots et pensées ne sont que ses symboles, ses revêtements, les scories au milieu desquelles elle se cache. Elle est ce que saint Paul nomme l'*Esprit* ; les mots, les pensées sont ce qu'il appelle la *lettre*. La lettre tue l'esprit, parce qu'elle le déforme et l'obscurcit ; mais elle est nécessaire à ceux dont les yeux ne sauraient supporter l'éclat radieux de la lumière sans voiles, et il faut adapter l'enseignement aux facultés des étudiants, sous peine de le voir rejeté ou profané, parce qu'il est incompris. « Je

(1) Le problème du mal est entre les mains des hommes ; les forts déchiffrent son énigme ; pour les autres, il reste un mystère. La *Théosophie* jette une intense lumière sur ce point.

crains de vous être nuisible, en vous parlant des choses célestes, disait saint Ignace aux Tralliens, dans une Epître, parce que vous n'êtes encore que des enfants en Christ, et, par conséquent, incapables d'entendre ces choses sans en être choqués. » Le secret des « Mystères » était exigé pour que les hauts enseignements qu'on y donnait ne fussent pas livrés à la profanation de ceux qui ne pouvaient les comprendre. Les langues secrètes avaient le même but : l'*Ogham* des druides, les *Runes* des Scandinaves, les *Védas* de l'Hindouisme, le *Zend* du Zoroastrianisme, l'*Abhidamma* du Bouddhisme, les *Targum* de la Kabale hébraïque. Le christianisme, comme les autres religions, avait son enseignement secret, dans les premiers siècles. Le Christ le donna oralement à ses disciples, et il fut transmis de bouche à bouche : « Jésus, dit Origène, avait avec ses disciples des entretiens secrets, dans des retraites cachées, au sujet de l'Evangile de Dieu, mais ses paroles n'ont pas été conservées (1) ». Saint Clément d'Ale-

---

(1) *Cont. Celsum*. Livre VI, chap. vi. — Voir aussi, spécialement, le Livre III, chap. xxi, et le Livre I, chap. vii du même ouvrage.

xandrie, pour expliquer ses réticences au sujet de l'enseignement secret, disait qu'il ne voulait pas « mettre une épée entre des mains d'enfants (1) ». Le chapitre XII du même ouvrage est tout entier sur ce sujet : *Les mystères des religions ne doivent pas être divulgués à tous* ; et le chapitre X (livre V) traite *De la préservation des mystères de la foi et de l'opinion des apôtres sur le secret à garder à leur sujet.*

« L'Ecriture a trois sens, dit Origène, la chair qui est pour les hommes ordinaires, l'âme pour les gens instruits, l'*esprit* pour les « parfaits (2) ».

Saint Paul tient le même langage (3). Jésus a fait maintes allusions à l'*esprit* de l'Ecriture (4). L'Eglise primitive était divisée en trois corps de fidèles : la foule (*audientes*), les néophytes avancés (*competentes*) et les initiés (les « *élus des élus* »), dont les plus élevés étaient les « parfaits ».

---

(1) *Stromates*. Livre I, chap. I, et chapitre IX du Livre V.

(2) *De principiis*. Livre IV, chap. I.

(3) Voir I *Corinthiens*, x, 1, 2, 3, 4, 11 ; *Galates*, IV, 24, 25 ; V. 3, 6; *Romains*, II, 28, 29 ; *Coloss*. II, 11.

(4) Voir saint Mathieu, XIII, 10, 11, 13 ; saint Marc IV, 34 ; saint Luc VIII, 10 ; saint Jean XVI, 12.

Pour donner l'instruction à ces groupes d'âmes de développement divers, il existait trois classes d'instructeurs : les *diacres*, les *presbyters* (prêtres) et les *évêques*. Les *Constitutions apostoliques* (1) ordonnaient que l'instruction fût progressive et qu'on ne baptisât les aspirants qu'après un certain temps de noviciat.

Les chrétiens primitifs avaient certains signes de reconnaissance : le principal était le *Credo*, que Rufin compare au mot de passe d'une armée, et qu'on employait pour découvrir les infidèles parmi ceux qui se disaient chrétiens (2). C'est à ce *Credo* secret que saint Augustin, dans son *Sermon* CCXII, fait probablement allusion, lorsqu'il recommande de ne point l'écrire, mais de le confier à la mémoire ; car « comme ce conseil fut donné bien après que des conciles avaient déjà discuté publiquement le *Credo* orthodoxe actuel et l'avaient publié sous diverses formes, on doit se demander si le *Credo* en question était celui qui avait cours public, ou s'il ne

(1) Livre VII, sections 39. 40, 41.
(2) *Christian. and its teachings*, par A. Glass, et *History of the christian church.*, par Hunt.

s'agissait pas plutôt d'un enseignement plus complet » (1).

De nos jours, le Christianisme officiel nie l'existence d'un enseignement plus élevé que celui qui est donné publiquement; les écoles secrètes ne sont plus dans l'Église, et aux esprits que la « lettre » repousse parce qu'ils l'ont dépassée, parce qu'ils ont besoin de plus de lumière, l'on répond : « Ne cherchez pas à comprendre les Mystères; l'enseignement ordinaire suffit; le discuter ou le rejeter, c'est commettre le péché ». Et ces âmes, hélas, s'en vont, d'ordinaire, et demandent au monde ou à la science humaine l'oubli de leurs doutes et la paix que la Lumière divine peut seule donner : telle est la cause des naufrages incessants d'âmes avancées, du matérialisme sceptique qui paralyse l'évolution spirituelle, en un mot, de la faillite de la Religion.

C'est l'une des raisons pour lesquelles la théosophie a été proclamée : proclamée pour projeter de la lumière sur les dogmes obscurcis par la lettre, pour rappeler que toute religion est le véhicule d'une partie

(1) *Christian. and its teachings.*, par A. Glass.

de la Vérité, et que, derrière chacune d'elles, veillent des Instructeurs inconnus, des Messagers de Dieu toujours prêts à montrer la *Voie* aux âmes que l'enseignement ordinaire ne peut plus satisfaire.

Ce que nous venons de dire rendra plus compréhensible le chapitre suivant.

LA MEILLEURE RELIGION

pour une âme, est celle qui satisfait le mieux ses aspirations.

L'homme ne croit que ce qu'il comprend; il n'aime que ce qui vibre harmonieusement avec sa nature, et ces deux facteurs expliquent la diversité sans fin des nuances de la foi, chez les humains.

Pour le sauvage, un débris dégénéré de quelque grande religion passée, est souvent ce qu'il trouve de plus assimilable; aussi adore-t-il volontiers les puissances qui font les orages, qui balancent les océans dans les marées, ou qui donnent les récoltes. Il leur fait des offrandes pour gagner leur amitié ou obtenir leur faveur; il prie

non parce qu'il admire, non parce qu'il aime, mais parce qu'il craint ou parce qu'il désire. Tout autre idéal est, pour le moment, inutile pour lui; dans bien des cas, l'on ne peut même faire appel à sa moralité, car elle n'existe pas (1), et l'amour n'illuminera sa vie que dans des siècles.

Pour certaines races violentes, sanguinaires, — celles qui forment l'Islam, par exemple, — une adaptation religieuse et morale semblable à celle que Mahomet donna, est probablement ce qu'il y a de meilleur pour le stade présent de leur évolution.

Pour la majorité des hommes actuels, les religions qui font appel au cœur sont maintenant les plus utiles : c'est le secret de l'énorme extension du Bouddhisme (2) et du Christianisme (3), — l'un prêche la

---

(1) Un missionnaire anglais reprochait à un Tasmanien d'avoir tué sa femme pour la manger. Le reproche éveilla, dans cet intellect rudimentaire, une toute autre idée que celle d'un crime; l'anthropophage pensa que le missionnaire s'imaginait que la chair humaine est d'une saveur désagréable, aussi répondit-il : « Mais elle était très bonne ! »

(2) Cette religion compte 400 millions d'adhérents (lire le *Catéchisme bouddhiste*, par H. S. Olcott).

(3) 200 millions de fidèles.

compassion, l'autre inculque la dévotion, deux aspects de l'amour. L'élément métaphysique conduisant à la sublime sagesse qui caractérise les sommets du Bouddhisme, est resté lettre morte pour la foule et n'a été le privilège que de rares âmes aptes à le saisir ; l'élément le plus haut de la dévotion, — la Communion, — n'a été compris et atteint que par une infime minorité de chrétiens.

La belle religion des Zoroastres était basée sur la science: le but pour lequel elle fut établie ayant perdu, depuis, en grande partie sa raison d'être, elle n'est représentée de nos jours que par un petit nombre d'humains, — les Parsis.

L'Hindouisme est resté très vivant, même dans la longue nuit qui dure depuis la chute de l'Inde (1). Il fut la religion du noyau primitif aryen, le tronc d'où sont sorties toutes les religions établies depuis. Il forme un ensemble contenant la totalité des enseignements destinés à notre cinquième Race : l'aspect métaphysique se trouve dans les *Upanishads* et dans les six grandes écoles philosophiques qui font la

---

(1) Depuis la mort de Krishna.

gloire de l'intellect hindou ; l'aspect dévotionnel est dans son culte (1), si admirable par ses adaptations occultes, et dans la *Yoga* (2) que nulle autre religion n'a poussée à un point si élevé ; l'aspect scientifique est dans les *Védangas*, — les 64 sciences auxquelles l'Occident serait heureux de puiser s'il les connaissait ; la partie éthique et gouvernementale est dans *Manou (Manava Dharmâ Shastra)*; la sagesse est dans les *Védas* dont des fragments mutilés seuls ont été laissés au monde, durant l'obscurité du Cycle noir *(âge de fer)*, mais qui reparaîtront dans leur splendide totalité avec le retour du Cycle de spiritualité.

LE FONDEMENT DE TOUTES LES RELIGIONS C'EST LA RÉVÉLATION

Au début d'une humanité, un Être di-

---

(1) Ce culte est consigné dans les *Lois de Manou*, code réduit et défiguré des commandements du grand Être qui guida les premiers pas de notre race. (Voir la *Revue Théosophique française* de 1898 : *Les Races préhistoriques.*)

(2) L'extase, la communion.

vin (1) la donne au monde pour guider ses premiers pas; des Initiés (2) de divers grades l'enseignent avec la progression nécessaire, et la propagent au loin ; des Messagers (3) spéciaux, envoyés périodiquement, la rappellent aux peuples aux heures nécessaires, et y ajoutent la lumière et l'aide que requièrent la naissance d'une race ou d'une sous-race, le commencement ou la fin d'un cycle, et bien d'autres étapes du pèlerinage de l'humanité.

La Révélation des fragments de vérité nécessaires à l'évolution spirituelle des hommes, hâte considérablement le développement des âmes et réduit au minimum les épreuves et la douleur qui accompagnent l'expérience non assistée.

La foi en les vérités proclamées par la Révélation et transmises par les corps d'Initiés est, d'abord, la foi aveugle, l'assentiment donné sans examen à la parole des

(1) Un « Fils de Dieu »; un Être qui a grandi au point d'unir sa conscience avec la conscience universelle.

(2) Des hommes qui ont dépassé le stage humain et qui occupent un rang plus ou moins élevé dans la hiérarchie divine.

(3) Manou, Hermès, Moïse, Bouddha et bien d'autres, furent de semblables messagers.

prophètes et des rois initiés, la confiance instinctive en une grande Ame, à un être dont la divinité se manifeste par la perfection et la puissance. Tels étaient les Hiérophantes et les Chefs des dynasties divines sur l'Atlantide (1) et en Egypte; tels étaient, les Manou, les Zoroastre, tel était le grand Maître de compassion, — le Bouddha; tel était le Christ; tels seront tous les divins Messagers du futur.

L'impression des grandes vérités sur le mental naissant des premiers hommes, se poursuit durant de longues périodes, et quand les résultats obtenus sur les Egos *(âmes)* en incarnation, sont jugés suffisants, l'aide directe décroît peu à peu, les grands Instructeurs disparaissent, les hommes entrent dans la période où il est utile de penser par soi-même et de guider ses actes d'après les seuls conseils de la « voix de la conscience ».

La dispensation spirituelle se limite alors à l'enseignement donné par les religions et par les prêtres initiés qui les dirigent. Quand les périodes critiques de la mentalité arrivent, avec la jeunesse des

(1) Voir la note (1) de la page 20.

races, ces prêtres, ces Sages, cessent d'être en évidence. Ils restent connus seulement du petit nombre, et sont remplacés peu à peu par un clergé de moins en moins éclairé, — mais à ce moment la mission divine est accomplie, une lumière suffisante a été projetée dans les âmes, les Egos sont développés au point où ils peuvent guider leurs personnalités (1), où la lutte est pour eux un avantage, où l'erreur et les méprises sont des moyens de développement de l'intuition, où l'incertitude et le doute sont des marchepieds vers la sagesse.

LA THÉOSOPHIE

est un nouveau fragment du trésor de la Révélation. Elle ne s'est pas présentée à nous comme la Vérité pure, totale, absolue, mais comme une portion nouvelle du dépôt sacré confié à la Hiérarchie di-

---

(1) La « personnalité » est l'ensemble des facultés que l'Ego exprime sur la terre au moyen du cerveau physique. Plus l'Ego est développé, plus il est apte à guider ces facultés, ce « moi » physique, cette « personnalité » cérébrale.

vine (1) qui guide notre planète; elle nous dit que d'autres fragments de lumière seront donnés aux hommes dans l'avenir, comme ils l'ont été dans le passé, chaque fois qu'une aide nouvelle sera nécessaire ; elle proclame que le salut peut s'obtenir dans toutes les églises, parce que la Vérité est partout, est le grand ressort de l'évolution qui développe les âmes, est la vie de tous les cultes, l'âme de toutes les religions, l'étincelle brillant au fond de tous les cérémonials et de tous les dogmes, le rédempteur qui sommeille au cœur de tout homme ; elle dit aux humains de regarder la LUMIÈRE-UNE cachée dans les formes, et non les enveloppes extérieures qui la polarisent, la colorent ou l'obscurcissent; elle ne s'impose pas, elle dit : croyez quand vous saurez, et, pour savoir, suivez tel chemin.

Ce qui fait la preuve de la supériorité de son enseignement, c'est son impersonnalité, l'étendue de son champ d'investigation, la profondeur de ses observations,

(1) Les Êtres élevés qui sont préposés par Dieu à la direction de la terre, — ceux qui, en langage chrétien, pourraient être appelés nos Anges et Archanges.

sa capacité d'éclairer toutes les routes, de satisfaire toutes les aspirations, de réchauffer tous les cœurs, d'embrasser toutes les divergences, d'aider toutes les recherches, d'étendre sa sympathie à toutes les opinions, d'aimer indistinctement amis et ennemis, d'illuminer les sciences, les philosophies et les religions : c'est pour cela qu'elle est, actuellement, le véhicule le plus large et le plus parfait de la Vérité.

OÙ SONT LES PREUVES

La Certitude ne se donne pas ; elle s'acquiert. S'il était possible d'en faire un objet de faveur, les Divinités qui guident l'humanité en labeur et qui refusent la paix du Nirvana (1) pour hâter le moment de sa délivrance, auraient entassé lumière sur lumière, preuves sur preuves, miracles sur miracles pour lui faire atteindre immédiatement le but : mais il ne peut en être ainsi.

Dans l'Univers, tout effet a une cause,

(1) Un état très élevé auquel atteignent les Êtres qui ont obtenu le salut.

toute faculté est le résultat d'un effort, la Connaissance est le fruit du travail et de l'expérience; mais ce fruit ne mûrit qu'à travers les âges, avec le développement progressif de l'être qui doit goûter au fruit de l'*Arbre de la science du bien et du mal*, et l'humanité l'achète au prix de la peine et de l'erreur momentanées.

Un Dieu descendrait-il chaque jour sur la terre, nos yeux n'en resteraient pas moins aveugles à la splendeur du rayonnement de son âme, et notre faible intelligence ne pourrait faire écho à sa parole, que s'il l'abaissait jusqu'aux limites de notre compréhension. Un enfant, un homme primitif peuvent-ils entendre le verbe d'un sage? Les inventeurs, les pionniers de l'humanité n'ont-ils pas été régulièrement méconnus, — quand ils n'ont pas été persécutés, — et justice leur a-t-elle été rendue avant que le temps n'eût porté jusqu'à leur stage d'avancement la foule retardataire? Les miracles du Christ ont-ils convaincu la Palestine? Si un divin thaumaturge se présentait aujourd'hui, ne lui jetterait-on pas à la face qu'il n'est qu'un envoyé de Satan?

La Vérité ne peut s'imposer par une force

extérieure ; elle n'est reçue par l'homme que lorsque l'étincelle divine qui est à son cœur peut crier assez fort pour lui dire : La Vérité est partout, elle est en toi, elle est un « centre » que tes enveloppes forment, et toi tu n'es rien qu'un véhicule ; tu ne sais que lorsque ma voix t'arrive, car la Vérité seule peut se connaître, et l'on ne *sait* que ce qu'on est *devenu*. Médite ces paroles et tu comprendras pourquoi le Sage grec s'est borné à dire : CONNAIS-TOI (1).

*
* *

LES PRINCIPES ESSENTIELS DE LA THÉOSOPHIE

sont les trois grands enseignements de l'*Unité spirituelle* des êtres (*Fraternité*), de

---

(1) L'homme *sait* quand il a développé les « pouvoirs » qui sont l'apanage de l'Initiation (la *Prêtrise*), c'est-à-dire quand il peut, par ses « sens internes »,

la loi de *Causalité* (ce que l'Inde nomme le « Karma »), et de la loi d'*Evolution*, dont le corollaire obligé, chez l'homme, est les vies successives, — la *Réincarnation*.

LA FRATERNITÉ

est un fait fondamental, universel dans la Nature. Les mêmes atomes composent nos corps, les mêmes passions agitent nos âmes, nous utilisons tous les mêmes facultés intellectuelles, et au fond de chaque cœur réside la même Voix du devoir qui parle par la conscience.

Les différences de développement que nous constatons dans ces éléments, tiennent à la différence des stages évolutifs des âmes. Les unes ont commencé plus tôt, ou ont fait plus d'efforts, — ce sont les pionniers; d'autres, — la majorité, — sont plus jeunes, ou ont marché à pas plus lents; les plus en retard, — celles qui constituent les races à l'état sauvage, —

connaître les mondes invisibles et obtenir la certitude directe des enseignements des Religions.

sont entrées les dernières dans l'humanité, mais toutes atteindront, avec le temps, les glorieux sommets que Dieu destine à ses enfants.

Nous sommes égaux à l'origine et à la fin ; le fragment divin qui est le germe d'où se développent nos âmes, est une parcelle de Dieu ; nous sommes plus que des frères, nous sommes tous des facettes d'un même joyau, des parties du même Tout. Quiconque travaille pour les autres, travaille pour soi ; quiconque, se croyant séparé des autres, travaille pour soi, œuvre pour le néant, car se séparer du corps de l'humanité, c'est se vouer à l'isolement, à la destruction : la branche qu'on sépare de l'arbre se dessèche et meurt.

LA LOI DE CAUSALITÉ (1)

ou ce que les Hindous nomment le *Karma*, c'est la force (la Volonté) de Dieu en action dans l'univers, le tronc commun de toutes les lois qui gouvernent le monde.

(1) Voir le *Karma*, par Mme Annie Besant.

Quiconque, consciemment ou non, va contre la Loi, est repoussé par la force dont elle est l'expression; la loi crée et maintient l'harmonie par l'équilibre, et ne permet pas que l'homme la trouble. Le courant du fleuve ne s'arrêtera point pour permettre au nageur de le remonter sans effort, car la loi qui fait le courant n'a pas été établie pour satisfaire le caprice d'un homme; la foudre qui se précipite sur la terre ne sera point étouffée dans le sein de l'atmosphère pour épargner les quelques êtres que l'explosion d'un orage va détruire, — elle fera son œuvre, car l'énergie électrique est nécessaire à la vie générale, et celle-ci n'est assurée que par la stabilité des lois.

Mais si les forces de la Nature poursuivent leur œuvre avec toute l'impassibilité de l'impersonnalité, elles n'agissent pas aveuglément; les Êtres qui les guident et les utilisent, ne cessent pas un instant de rester les messagers fidèles de Dieu; agents de la Justice, ils sont en même temps les instruments de la divine Compassion; en nous frappant, Dieu ne nous punit point, — il nous éclaire et nous fortifie, et, même quand il envoie au monde un de ces cataclysmes qui font frissonner d'effroi, il ne détruit que les corps que sa Loi a déjà condamnés : tout être qui a droit au salut, est placé sous la protection de sa puissance et sort sain et sauf de la catastrophe (1).

Nul, par conséquent, ne doit craindre ; on doit s'abandonner à la sagesse de Celui qui est l'Amour infini.

La causalité n'est pas le fatalisme.

Le danger d'un enseignement trop succinct de la Loi de Causalité, c'est d'être incomplètement compris et de favoriser, par là, les doctrines du fatalisme.

Pourquoi agir, dira-t-on, si tout est prévu par la Loi ? Pourquoi tendre la main à l'homme qui tombe à l'eau sous nos yeux ? La Loi n'est-elle pas assez forte pour le sauver, s'il ne doit pas mourir ; et s'il doit se noyer, avons-nous le droit d'intervenir ?... Ce raisonnement est le produit de l'ignorance et de l'égoïsme.

(1) Ces cas de salut providentiel se présentent à chaque catastrophe.

Oui, la Loi est assez puissante pour empêcher que cet homme se noie, comme aussi pour empêcher qu'un passant apitoyé n'aie la possibilité de le sauver : en douter, serait douter de la puissance de Dieu. Mais, dans l'œuvre de l'évolution, Dieu ne fournit pas seulement à l'homme les moyens de développer son intelligence ; pour enrichir son cœur, il lui offre des occasions de se dévouer. D'autre part, les problèmes sans nombre du devoir sont loin d'être résolus pour nous ; à peine pouvons-nous distinguer le crime de la bonne action ; très souvent nous faisons mal croyant bien faire, et il n'est pas rare que du bien sorte de nos mauvaises actions ; c'est pourquoi Dieu nous fournit les expériences qui doivent nous apprendre le devoir, et l'âme s'instruit non seulement durant ses incarnations, mais surtout quand elle a quitté ses corps (1), car ses vies posthumes sont, en grande partie, employées à l'examen des conséquences des actes accomplis durant les vies terrestres.

(1) L'homme, en effet, perd successivement, à la mort et après elle, ses corps physique, astral et mental.

Donc, quand se présente une occasion d'agir, suivons l'impulsion du cœur, le cri du devoir, et non les sophismes de la nature inférieure, du « moi » égoïste, du froid cerveau qui ne connaît ni compassion, ni dévouement. *Fais ce que tu dois, advienne que pourra*, dit la Loi, c'est-à-dire ne donne pas comme excuse à ton égoïsme que Dieu, s'il le juge bon, saura bien aider ton frère en peine ; autant se jeter dans le feu, pensant que, si l'heure n'a pas sonné, Dieu empêchera la flamme de brûler : celui qui se suicide pousse lui-même l'aiguille sur le cadran de vie, et la place sur l'heure fatale.

Les fils de l'action karmique sont si prodigieusement entrelacés, et Dieu se sert si merveilleusement des forces humaines, bonnes et mauvaises, pour accélérer l'évolution, que les premiers regards jetés dans la mêlée des événements est faite pour troubler l'esprit plutôt que pour lui révéler les merveilles d'adaptation réalisées par la Sagesse divine ; mais quand le regard a pu démêler quelques-uns des circuits entrelacés des forces karmiques, et entrevoir l'harmonie qui résulte de leur surprenante coopération, l'esprit reste confondu. L'on comprend alors comment le meurtrier n'est qu'un instrument dont Dieu utilise les passions pour exécuter le décret karmique qui, bien avant le crime, a condamné la victime; l'on sait aussi que la peine capitale est un crime légal que la Justice divine utilise, — un crime, car nul ne peut juger, si ce n'est Dieu ; tout être a droit à la vie, et tout être vit tant que Dieu ne l'a pas condamné. Mais l'homme, en se faisant, même par ignorance, l'instrument du *Karma*, agit contre la Loi universelle et se prépare, pour le futur, les douleurs qui suivent toute atteinte portée à l'harmonie générale.

Et c'est ainsi que Dieu instruit et purifie l'Ame en redressant, par la douleur physique, morale ou mentale, ses erreurs volontaires ou involontaires, jusqu'à ce qu'elle ait obtenu une connaissance parfaite de la Loi et soit devenue un collaborateur conscient de la Nature. Il est évident que la Sagesse ne peut être acquise au cours d'une seule vie terrestre ; la loi de Causalité (*Karma*) ne suffirait donc pas à expliquer la Vie, l'évolution, l'inégalité des conditions, etc., si elle n'était étroitement associée à la loi de

RÉINCARNATION

laquelle, nous l'avons déjà dit, est le corollaire obligé de la loi d'Evolution.

Partout, dans la Nature, nous voyons le progrès ; une échelle immense s'étend des commencements à la fin. Les commencements nous échappent, la fin aussi, et nous n'apercevons de l'échelle qu'un fragment minuscule, — mais ce fragment suffit à commencer notre instruction. Des plus grossiers spécimens du règne minéral aux individus les plus élevés de l'humanité, nous voyons une série de corps, tous reliés les uns aux autres par la parenté des formes, et constituant une chaîne dont les anneaux vont sans cesse en se perfectionnant ; et nous remarquons la même progression régulière dans les facultés exprimées à travers ces corps.

Il n'y a que deux hypothèses pour expliquer cette série.

Ou Dieu a créé, d'un coup, toutes ces formes et, comme l'enseigne le christianisme officiel (1), les a condamnées à demeurer dans le *statu quo* aussi longtemps que doit durer le monde, et alors les inégalités criantes qui existent n'auraient aucun but : ce seraient des animaux inoffensifs servant de pâture à l'homme ; des sauvages hideux, arriérés, cruels, anthropophages créés arbitrairement à côté de populations paisibles, douces et belles ; des classes riches et intelligentes utilisant leur fortune et leur science pour l'oppression des faibles ; des individus inexplicablement traités, venant au monde idiots, aveugles ou estropiés ; en résumé, partout un incompréhensible caprice, partout, une inégalité navrante, partout une injustice effroyable.

Ou, au contraire, comme la Théosophie, répétant la Sagesse antique, le proclame, Dieu, pour multiplier le bonheur, pour créer, de lui et en lui, des êtres sans nombre et leur faire partager sa divinité,

(1) Le christianisme qui refuse aux hommes l' « esprit » des Ecritures, mais non le christianisme du Christ qui, derrière la « lettre », enseignait l'« esprit ». Voir, dans les n^{os} de 1898 de la *Revue théosophique française* : l'*Esprit et la lettre dans le christianisme*.

tire de son infini des univers successifs dans lesquels il incarne une portion de son essence, fragmentant, pour ainsi dire, cette portion de lui-même en des milliards d'étincelles, incarnant ces étincelles dans des formes progressivement complexes, et guidant leur évolution au cours des âges, jusqu'à ce que chacune d'elles ait acquis, par l'expérience, le sentiment du « moi » d'abord, — la *soi*-conscience, sans laquelle aucune existence personnelle n'est possible, — et développé ensuite toutes les facultés latentes en elle, c'est-à-dire, les facultés du Tout divin auquel elle appartient. Dans cette évolution immense, les qualités acquises se conservent dans l'étincelle et s'y accumulent indéfiniment; les instruments corporels à travers lesquels ces qualités s'expriment, se perfectionnent, à leur tour, par la conservation dans un *germe* des perfections obtenues au cours de leur développement. Nous aurions alors, d'un côté, les germes physiques recueillant les qualités acquises par les corps, et les germes spirituels, — les Ames, — recueillant les qualités développées par l'esprit. Sans la conservation des qualités des formes, — les corps, — il ne pourrait y avoir de progrès matériel, la série qui va du minéral à l'homme n'aurait pu s'établir, il n'existerait que des ébauches d'évolution, des tentatives sans cesse avortées, *des amas de « commencements »*, comme dit Mme Annie Besant. Sans la conservation des facultés acquises par l'âme à chaque incarnation, le fragment divin serait resté à l'état de semence ; il n'aurait pu faire éclore ses possibilités latentes, il n'aurait pas germé, et les êtres n'offriraient point ce grandiose spectacle de facultés progressives s'étendant du pouvoir inconscient(1) qui trace les axes des cristaux, jusqu'à la divine intelligence des grands Sages de l'humanité (2).

(1) Inconscient pour les cristaux, — pour leur âme, plutôt, — mais conscient pour les Êtres divins qui dirigent la hiérarchie des « constructeurs ».

(2) Le matérialisme accepte cette loi nécessaire de la conservation des qualités dans un germe, mais il n'admet qu'un germe unique, — le germe physique, — et il en fait le réceptacle de toutes les qualités : physiques, morales, intellectuelles et spirituelles. C'est une erreur manifeste. Par exemple, le génie n'est point héréditaire ; Arréat dit que la noblesse a moins produit de grands hommes que

Cette deuxième hypothèse explique tous les faits, toutes les anomalies, elle justifie la Providence. La première est une absurdité doublée d'un blasphème.

Ajoutons que, pour les pionniers de l'humanité, la Réincarnation est un fait prouvé, au-dessus de tout doute ; mais cette preuve restant forcément personnelle, n'est que de peu d'utilité à ceux qui ne la possèdent pas directement.

Les trois vérités de l'Unité spirituelle des êtres (la *Fraternité*), de la Causalité (*ce qu'on sème, on le récolte*) et de la loi d'Evolution (d'où, les *Renaissances*) sont le trépied sur lequel repose le monde, et lorsque l'humanité les aura comprises et acceptées, l'aurore d'un futur Age d'or se lèvera sur la terre, car lorsque les hommes sau-

---

les paysans. Mozart jouait du violon et composait dès l'âge de 5 ans, et donnait à 7 ans de grands concerts dans les capitales ; Le Tasse, à 9 ans, connaissait à fond plusieurs langues et expliquait les poètes classiques ; Pascal écrivait à 10 ans un traité sur les objets sonores ; or, dans l'ascendance de ces grands esprits, on ne retrouve aucune hérédité géniale. Le génie devrait procréer le génie ; il n'en est rien : les fils des grands hommes sont d'ordinaire des médiocrités.

ront qu'ils sont frères, quand ils verront que leur présent est le résultat de leur passé et qu'ils peuvent créer leur avenir, quand ils auront compris que l'inégalité des conditions vient de l'inégalité de l'âge des âmes et de l'inégalité de leurs efforts, qu'un même chemin doit être foulé par tous, qu'une même destinée nous attend à la fin du pèlerinage, la question sociale sera résolue.

．•．

Les Instructeurs théosophiques attachent une immense importance à la connaissance de soi, *car nous ne pouvons rien connaître de ce qui est hors de nous*, si nous ne nous connaissons pas nous-mêmes.

LA CONSTITUTION DE L'HOMME

doit être, par conséquent, soigneusement étudiée. En voici une esquisse.

L'AME

L'homme est une *Ame* se développant par son passage à travers des corps qui vont du plus simple agrégat de matière homogène, jusqu'aux organismes les plus complexes.

Les corps sont successivement construits et détruits. L'âme est immuable, elle est un fragment de l'essence divine qui pénètre l'Univers. Dieu est en nous, dit saint Paul (1); il est conscient de ce qui se passe dans les plus solitaires recoins du monde et dans l'intimité de tous les êtres; mais les portions de lui-même (2) dans lesquelles baignent les corps ne deviennent conscientes de leur divinité et n'en développent les attributs que progressivement, au cours de cette longue évolution qui passe à travers les règnes invisibles et

---

(1) *Ephésiens*, IV, 4, 5, 6. — I. *Corinthiens*, III, 19, etc...

(2) Les âmes sont des fragments de Dieu. Saint Paul, I. *Corinthiens*, II, 12.

visibles de la Nature ; elles sont des « germes » qui doivent devenir des centres divins *soi*-conscients (1). L'acquisition de cette soi-conscience ne peut s'effectuer que par leur passage dans des milieux tels que les vibrations qui s'y produisent frappent le fragment divin et réveillent peu à peu ses facultés latentes. Ce fragment est devenu un centre soi-conscient quand il est arrivé à se distinguer du milieu ambiant, c'est-à-dire, quand il est devenu apte à recevoir les vibrations qui lui viennent du dehors et à projeter volontairement dans l'ambiance les vibrations qui constituent sa réponse personnelle.

Ce sentiment de la *Séparativité* est une illusion, une erreur, mais une erreur nécessaire que les progrès de l'évolution dissipent. Quand l'âme a suffisamment grandi, elle sait qu'elle est un point de Dieu, un « centre » conscient dans le Centre-un, dans l'Être infini ; elle comprend pourquoi, pour devenir un dieu dans Dieu, ce pèlerinage dans l'illusion, la douleur et l'ignorance est nécessaire ; elle voit combien ce calvaire a été court, quand elle le compare

(1) Possédant la conscience du *moi*, la notion du *je*.

aux âges de bonheur, de savoir et de puissance qui s'étendent devant elle avant le lointain futur où, avec son plein épanouissement, elle sera éternellement un dieu dans Dieu.

Il est, tout d'abord, difficile, de pénétrer la raison et la grandiose vérité de ce processus universel de développement qu'on a nommé le *Sacrifice primordial divin*, mais lorsqu'il est compris, le Mystère de l'Être est révélé : on sait le pourquoi de la Vie, le but de l'Évolution.

LES CORPS

L'Ame est donc un centre divin, grandissant sans cesse dans l'Infini son père; le nombre, la nature et le degré de développement des corps qu'elle habite à un moment donné, dépend du stage d'évolution auquel elle est arrivée; aujourd'hui, la majorité des humains peut être considérée comme ayant développé trois corps (1).

(1) Des corps supérieurs nous attendent, à mesure que nous grandissons.

Si l'on établissait un diagramme schématique, on pourrait considérer le fragment divin comme un point entouré de sept cercles concentriques. Le cercle extrême serait le corps visible; les cercles intérieurs représenteraient successivement, de dehors en dedans, le corps astral (1), le corps mental (2), le corps spirituel (3), le corps divin (4), et deux corps supérieurs à ce dernier qui n'ont pas reçu de nom parce qu'ils sont trop au-dessus de notre compréhension actuelle.

Tels sont les sept « principes » proprement dits de l'homme.

Nous l'avons dit, de ces sept corps, l'humanité actuelle n'en possède que trois, et parmi ces trois, un seul est bien développé chez tous, — le corps physique; le corps des désirs n'est parachevé que chez les plus avancés des membres de l'humanité ordinaire; le corps mental n'est complet que chez ceux qui ont franchi le stage humain; le corps spirituel n'existe que chez

---

(1) Encore appelé : âme animale, corps des désirs, *Kama*, etc...
(2) L'âme humaine, *Manas*.
(3) L'âme spirituelle, *Buddhi*.
(4) L'âme divine, le corps divin, *Atma*.

les « christs » (1); le corps divin est réservé à ceux qui ont atteint le sommet auquel les êtres de notre planète sont destinés; nous ne savons rien des divinités glorieuses qui ont développé les deux corps les plus élevés.

LE CORPS PHYSIQUE

Le corps physique est un agrégat moléculaire composé des trois états connus de la matière, — états solide, liquide et gazeux, — et de quatre états éthériques encore inconnus à la science. La vibration solaire que nous appelons la *vie physique*, trouve un véhicule approprié dans la matière éthérique du corps (2); elle s'y condense sous la forme d'un fluide rose qui court le long des cordons nerveux et produit des éclats particulièrement lumineux au niveau des plexus nerveux où elle se

(1) Les âmes arrivées près du but.
(2) Cette matière éthérique vibre sous l'influence de la vie solaire, et cette vibration, répercutée dans l'intimité des molécules, constitue la vie du corps.

concentre. Cette vie solaire, qui a reçu parfois le nom de *Jiva*, est nommée *Prana* après sa transmutation en vie physique humaine; elle est, dans le corps, la vie générale directrice qui fait de l'amas des cellules, un ensemble dans lequel chaque partie vit, à la fois, pour soi et pour le tout.

L'œil d'un voyant entraîné peut distinguer, autour du corps physique, un nuage formé par l'expulsion d'une masse de corpuscules solides (cristaux infinitésimaux), liquides, gazeux et éthériques : c'est ce qu'on appelle, en théosophie, l'*aura* (1) de santé. Dans l'état normal, ces corpuscules forment des rayons réguliers, rectilignes, s'échappant à angle droit de la surface cutanée; quand, par la fatigue ou la maladie, l'activité vitale diminue, ces rayons s'affaissent, perdent leur rigidité, et l'obstacle qu'ils opposaient à l'entrée des éléments malsains circulant à l'extérieur, s'affaiblit plus ou moins : d'où imminence morbide.

La *vie* physique humaine a été considérée, dans plus d'une classification, comme

(1) Voir dans le *Lotus Bleu* de 1896, l'article *Aura humaine.*

un « principe » (1); la matière éthérique (2) a été considérée comme un autre « principe », et l'on a fait du corps grossier un troisième principe, véhicule des deux précédents.

LE CORPS ASTRAL, OU AME ANIMALE

L'instrument physique, s'il était privé des corps « internes », — de ce que l'on a appelé les âmes inférieures (3), — ne manifesterait que les qualités des états de matière qui le composent : chaleur, magnétisme animal (dû à l'action du fluide

(1) C'est-à-dire un véhicule, un corps de l'âme.
(2) Le « double » éthérique; ainsi appelé parce que, lorsqu'il s'échappe du corps, il en prend la forme exacte.
(3) La Vie divine universelle fait de chaque véhicule une âme particulière; les qualités sont le fruit des véhicules, comme les sons d'un orgue tiennent aux tuyaux et aux anches de l'instrument; mais, sans la *Vie*, les corps resteraient aussi silencieux qu'un orgue qui manquerait de soufflet pour le remplir d'air. La comparaison ne touche qu'un côté de l'idée et reste donc très imparfaite, mais elle rendra notre pensée un peu plus claire.

vital), phénomènes électriques et chimiques, etc..., mais la masse de matière qui interpénètre le plus fin des éthers, forme en nous un corps très subtil (1) dont les centres sensoriels sont liés aux sens physiques par la présence, dans les véhicules humains, de tous les états de matière qui s'étendent du physique à l'astral (2), de sorte que les facultés (3) de ce deuxième corps, peuvent agir sur le corps physique et s'en servir comme d'un instrument. Ce corps astral, si on l'examine quand il a quitté le corps visible (4), représente un nuage ovoïde, bleuâtre, au milieu duquel une forme plus ou moins nette reproduit l'image du corps physique; réalisée par une condensation spéciale de la matière astrale (5), cette forme est d'autant mieux

---

(1) Le corps des désirs, ou corps astral : l'âme animale.
(2) Et qui, de l'astral, se poursuivent, en remontant le côté subtil, jusqu'à la matière indifférenciée ou matière primitive.
(3) La sensation, laquelle, sous l'influence mentale, devient l'émotion, le désir, l'attraction, la répulsion, l'amour, la haine.
(4) Et il en sort chaque fois que nous dormons.
(5) Cette condensation est due en partie à l'attrac-

tracée, d'autant plus semblable au corps visible que l'individu auquel elle appartient est plus développé. Des éclairs de forme et de couleur variées sillonnent le corps astral à chaque sensation, à chaque émotion, à chaque pensée. Ce corps est l'*animal* (1); il reçoit les sensations que les sens objectifs lui apportent de l'univers extérieur, et celles que ses sens propres reçoivent directement du monde astral, mais ces dernières sont reçues inconsciemment, aussi longtemps que l'homme n'est pas assez développé pour avoir acquis l'usage complet des sens astrals.

Pendant le sommeil, le corps astral quitte le corps physique; celui-ci demeure presque inerte, et son activité la plus élevée se passe alors dans le cerveau qui, sous des influences diverses, répète automatiquement les vibrations de la veille ou celles qui lui sont familières, et produit ce que l'on nomme les rêves (2).

tion produite sur la matière astrale par la matière du corps visible.

(1) Chez certains idiots, le mental ne peut agir, ou est absent; l'animal seul anime alors le corps de ces malheureux.

(2) Voir dans le *Lotus Bleu*, année 1896 : *Les Rêves*, par C. W. Leadbeater.

LE CORPS MENTAL, OU AME HUMAINE

Interpénétrant le corps astral, se trouve une matière plus subtile encore : la matière mentale. Elle forme un ovoïde, — le corps causal (1), — dont la ténuité et les couleurs sont merveilleuses, et mêlée à cet ovoïde, se trouve une masse plus grossière dont la condensation peut être obtenue par les Initiés, quand ils ont quitté les deux véhicules inférieurs, et qui reproduit alors la forme du corps physique (2) de l'individu. Ce corps mental est lié par ses centres aux centres astrals et, par là, aux centres (3) physiques ; la pensée, qui est son attribut, s'exprime par le cerveau d'abord, puis, à mesure que l'évolution procède, par le centre astral qui correspond au cer-

(1) Appelé « causal » parce qu'il condense en lui les germes de tous les corps inférieurs, et les *causes* créées par les actions de l'individu qu'il représente.
(2) Cette forme a été nommée le *mayavi-rupa*, la forme illusoire.
(3) Ou sens.

veau (1), et plus tard, par le centre mental lui-même (2). Cette vie active, consciente, sur le plan mental, n'est possible, en dehors des périodes de ciel, que chez les âmes déjà très développées (3).

Quand le corps mental est en action, l'on peut observer en lui une succession de formes lumineuses, dépassant de beaucoup en beauté celles qui naissent de l'activité du corps astral, quoiqu'elles soient très inférieures à celles qui proviennent du corps causal. Celui-ci est la racine de tous les corps développés, jusqu'ici, par l'humanité; c'est le seul qui persiste, quand le processus de la mort a successivement détruit les trois autres.

Au-dessus de lui, existent tous les autres

---

(1) Il devient alors apte à penser sur le plan astral, durant le sommeil.

(2) Il peut, à ce moment, penser sur le plan mental, — et ceci représente un état de développement rendant possible, durant la vie, l'existence dans le *Ciel* (Voir page 59.)

(3) Ceci cessera d'être paradoxal quand on songera que plus l'instrument est compliqué, plus l'artiste doit être habile; l'artiste humain joue du cerveau grossier avant de pouvoir jouer des instruments supérieurs de la pensée.

plans et états de matière du Cosmos, mais ces états de la substance ne représentent jusqu'ici, dans l'homme, que des amas sans forme, faiblement « centrés », et visibles seulement à l'œil des hauts Initiés. Il n'est pas inutile de les mentionner, mais leur étude dépasse considérablement nos connaissances ; tout ce qu'on peut en dire c'est qu'il formeront, plus tard, le corps spirituel (1), siège de ce que l'homme a de meilleur et de plus noble, — amour, dévouement, sacrifice, — et enfin le corps divin (2), véhicule de la vie profonde, de la force intégrale, de la Volonté. Nous ne pouvons même pas nommer les corps qui seront au-dessus.

LE BUT DES UNIVERS

c'est la production incessante, au cours de mondes successifs, d'un nombre in-

(1) Corps buddhique.
(2) Corps atmique.

fini de « centres » (1) qui, par leur passage à travers des milliards de formes, montent progressivement vers le stage humain, et qui, poursuivant leur évolution jusqu'à son achèvement, deviennent des êtres souverainement bons, souverainement intelligents, souverainement puissants, souverainement heureux, — si toutefois des mots aussi décevants et aussi vulgaires peuvent donner une idée de l'état glorieux de dieux en Dieu.

Tel est le dessein du Logos (2) quand il émane de lui-même, par lui-même et en lui-même, la Trinité qui crée les mondes, et se reflète en elle sous les innombrables aspects de la matière, de la force et de la conscience (3) ; telle est la haute et véritable signification de ce que toutes les religions ont nommé le *Sacrifice divin primordial* (4), — ce que le Christianisme enseigne comme le sacrifice de l'Agneau « immolé dès la fondation des mondes » (5).

(1) D'êtres.
(2) Dieu le Père.
(3) L'esprit est l'agent conscient, c'est pourquoi on le fait souvent synonyme de « conscience ».
(4) Voir, dans la *Sagesse antique* de Mᵐᵉ A. Besant, la « Loi du Sacrifice », et page 43 de notre brochure.
(5) *Apocalypse*. Chap. XIII, 8.

LE BUT DES VIES SUCCESSIVES

c'est, nous le répétons, le développement des facultés latentes dans le fragment divin (1), ce qui s'opère par les Renaissances qui ramènent l'étudiant à l'école terrestre, et par l'action équilibrante de la Loi qui, au moyen de la peine et du plaisir, du succès ou de l'échec, lui apprend la connaissance du bien et du mal, c'est-à-dire, de la Loi divine.

Dieu aurait pu créer des corps parfaits, des automates obéissant passivement à sa volonté, mais ces corps, — car on ne pourrait les appeler des hommes, — seraient restés de simples instruments, le fragment divin en eux n'aurait pu devenir un « moi », car le développement du germe en l'*individu*, exige une progression pas à pas à travers des milliards de formes qui ne peut s'effectuer sans un départ du simple vers le composé, sans les expériences dirigées par une volonté libre, personnelle et intelligente.

(1) L'Ame.

LA MORT

c'est la séparation de l'âme de ses corps.

Elle rejette, d'abord, le véhicule physique visible : le processus s'effectue par la sortie totale et définitive de ce qu'on a nommé le « double » éthérique. Dès que ce véhicule est extrait, le corps est privé de ce qui constituait sa vie d'ensemble et maintenait agrégés les éléments de sa forme, et la décomposition sépare ses molécules.

Le corps éthérique ne tarde pas (1) à être rejeté à son tour, et demeure retenu par l'attraction magnétique, aux côtés de sa contre-partie grossière, où il se décompose lentement.

Le corps des désirs, ou âme animale, reste, pendant un certain temps encore, uni à l'Ego qui se trouve alors sur le plan astral (2), ce que le catholicisme appelle

---

(1) Au bout de quelques heures, d'habitude.
(2) Le *Kama-loca*, la demeure des *ombres*, le *Hadès*, etc.

LE PURGATOIRE (1)

Il demeure en ce lieu un temps variable, mais toujours subordonné à l'intensité de ses passions, c'est-à-dire à la force du véhicule animal (2). Celui-ci, grâce à l'éducation que lui a fournie le mental, possède un instinct très développé et lutte avec toute son énergie pour retenir l'Ego qui cherche à s'échapper (3) pour passer dans ce que l'on a nommé le Ciel ; il sent que le pouvoir qui le fait vivre comme organisme individuel et conscient, lui vient de l'élément intelligent, et que lorsque l'Ego lui aura retiré cette vie, il mourra comme sont morts déjà les deux véhicules inférieurs.

Cette lutte constitue la période purgato-

---

(1) Voir le *Plan Astral*, par C. W. Leadbeater.
(2) *Kama-rupa*.
(3) Il s'efforce de s'échapper soit consciemment, quand son développement le permet, soit inconsciemment, et alors il est poussé par la Loi qui réalise l'évolution générale des êtres.

riale, et ses phases sont variables. Quand, durant la vie, l'Ego a dominé l'âme animale, il s'envole aisément ; quand, au contraire, il a été régulièrement vaincu, soit par faiblesse, soit par volonté, il reste prisonnier de la bête ; ce n'est parfois qu'après de longues années de captivité qu'il s'échappe, et au prix de l'abandon d'une quantité assez grande de matière mentale qui reste enchevêtrée dans la substance kamique. C'est là une perte sérieuse qu'il ne répare, dans les incarnations futures, qu'au prix d'efforts prolongés.

Pendant qu'il est dans ce lieu, l'Ego, revêtu encore de l'âme animale, peut, quand les conditions nécessaires sont réalisées, se mettre en communication avec la terre, mais c'est presque toujours à son grand désavantage. Un grand nombre des phénomènes du Spiritisme sont dus à ces manifestations posthumes ; ce sont, le plus souvent, des communications sans importance, obtenues par l'intermédiaire d'êtres humains incarnés (1) qui, par leur constitution, sont aptes à fournir à l'en-

(1) Les *mediums*.

lité désincarnée la matière ou l'instrument physiques nécessaires à une action sur le plan objectif.

Les défunts à tendances grossières ou à passions vives, dont le désir de vivre de la vie terrestre est resté inassouvi, malgré la sensation intense de délivrance généralement ressentie après le rejet du corps visible, cherchent parfois à entrer dans le corps physique facilement pénétrable des sensitifs doués de peu de volonté, et à vivre, ici-bas, d'une vie d'emprunt aussi néfaste pour le possédé que pour le possesseur.

Dans certains cas plus rares, le désincarné peut rendre visible l'enveloppe kamique (1) qui est son corps dans le purgatoire ; le phénomène se produit par l'attraction sur ce corps d'une grande quantité de molécules physiques empruntées, le plus souvent, aux assistants : c'est la *matérialisation*.

S'il n'a pas été artificiellement vitalisé par de semblables communications avec les incarnés, le corps kamique se désagrège beaucoup plus vite sous l'action des

(1) L'âme animale.

forces (1) du monde astral, et quand la dispersion de ses éléments est complète, il ne reste de lui que les vibrations qu'en a recueillies l'Ego dans le Corps causal (2) et qui sont le germe du corps astral de la future incarnation.

Quand l'Ego s'est séparé de l'âme animale, il passe sur un plan de matière extrêmement affinée, connue sous le nom de

CIEL (3)

le « Dévachan » des orientaux, lequel est, pour la grande majorité des hommes, un état de bonheur parfait, — aussi parfait, du moins, que le permettent les capacités de l'âme (4), — et d'activité mentale in-

(1) Du *feu* du purgatoire, a-t-on dit, métaphoriquement.
(2) Voir la note 1 de la page 50.
(3) Voir le *Devachan*, par C. W. Leadbeater, *Lotus Bleu* de 1897.
(4) Il y a des limites variables, selon les âmes, dans les capacités de jouir ou de souffrir ; dans le

tense ; un état illusoire à certains points de vue, une espèce de rêve (1), mais un rêve plus vrai, plus vivant que la vie terrestre actuelle, car celle-ci, bien que nous croyons le contraire parfois, est autrement illusoire que le ciel. Chaque pensée élevée, chaque aspiration supérieure formulée pendant l'incarnation, y reçoit son plein accomplissement ; tout sentiment désintéressé, — amour pur, dévotion, dévouement, — y trouve une fructification merveilleuse. L'Ego est entouré par tous les objets de ses désirs élevés et altruistes, par tous les êtres qu'il a aimés d'un amour pur.

Il passe une portion de son existence en paradis à la revue et l'assimilation complète des résultats de sa dernière incarnation ; il voit les effets qui ont résulté de ses actes, et il note la conduite qu'il devra tenir dans des circonstances semblables,

ciel, chacun a le vase qu'il a créé, plein de joie jusqu'aux bords ; la quantité de bonheur dépend du volume du vase.

(1) Les Egos très évolués ne sont pas dans un ciel uniquement constitué par les productions vivantes de leur activité mentale ; ils sont pleinement conscients de ce qui les entoure.

à l'avenir. C'est cette synthèse et ce jugement du passé qui permettent à l'Ego d'impressionner, dans les incarnations suivantes, la conscience cérébrale, et de guider ses actions. Plus l'expérience de l'Ame est grande, plus est claire, impérative et sage la « voix de la conscience »; lorsque, en face d'une décision à prendre, cette « voix » se tait, c'est qu'elle n'a pas eu encore l'occasion d'apprendre quel est le devoir dans ce cas particulier; l'individu doit alors se servir de toutes les ressources de la raison et du jugement, et accomplir ce qu'il croit bon. S'il fait erreur, la force du motif (1) sera utilisée par Ceux qui guident l'évolution, pour annuler les effets mauvais qui pourraient en résulter, tandis que, dans la future période du ciel,

---

(1) La force du motif est beaucoup plus énergique que celle des résultats, car elle fait partie de l'Ame ; elle dure et peut se répéter à l'infini, tandis que les résultats cessent avec l'action; le motif, quand l'âme a été éclairée, devient une énergie éternelle de bien ; l'erreur involontaire est utilisée pour l'exécution des décrets de la Loi ; si elle ne peut l'être, elle est détruite, au moyen de la force qui l'a créée, par l'intervention des Puissances qui surveillent l'évolution.

l'Ego analysera sa faute et en recueillera le fruit, — la connaissance qu'elle comporte.

L'on peut juger, à ces quelques mots, de l'importance du Ciel, et de la méprise des étudiants qui s'imaginent parfois qu'il est un repos inutile ou un temps perdu.

Après un laps de temps assez long, — dix ou quinze siècles en moyenne, — les forces spirituelles et mentales(1) créées s'épuisent, l'état dévachanique cesse, et l'âme tombe généralement dans une heureuse inconscience. Quand l'heure sonne pour son retour à la terre, elle reçoit,

---

(1) Ces forces sont dans le « corps mental » ; elles décident de la nature et de la durée du ciel de l'Ego. Quand elles sont épuisées, le corps mental rejeté se dissocie, et la vie dévachanique (vie du ciel) cesse. L'Ego, revêtu alors par le seul « corps causal », se trouve sur les sous-plans supérieurs du plan mental ; il y est rarement conscient, mais avec les progrès de son développement, il s'y éveille peu à peu, apprend à se servir des sens naissants de ce haut véhicule, et peut ainsi vivre graduellement de la vie immensément plus large de ce milieu. C'est là qu'on a accès aux archives du passé, et que la série des incarnations passées apparaît au regard émerveillé de l'âme qui s'approche de la maturité.

comme dans un éclair rapide, une vision des grandes lignes de l'incarnation qui se prépare ; cet aperçu oriente ses forces et facilite le labeur futur ; puis les germes du passé commencent à fructifier. Elle se revêt successivement de substance mentale et astrale, et quand le moment est venu, elle descend dans le sein d'une femme, où les agents constructeurs de la Nature, copiant le modèle (1) que la Loi leur donne, bâtissent le corps physique qui la remet en contact avec le monde terrestre : elle se trouve alors réincarnée dans une contrée, une race, une famille

(1) Partout la loi de solidarité et son corollaire le sacrifice, agissent. Les « Aînés » aident les cadets pour hâter leur marche vers le But. La préparation d'un modèle facilite extrêmement le processus de la construction du corps physique, et épargne à la Nature non aidée les âges d'efforts qui lui auraient été nécessaires pour arriver à la perfection, dans cette partie de son œuvre. Les « agents constructeurs » sont, ici, des milliers de petits êtres œuvrant avec les atomes et les molécules physiques, et dirigés par un être spécial qui a charge de surveiller et de guider la construction. Ces détails sortent des limites que nous nous sommes tracées ici, mais ils diminueront, peut-être, le nombre des demandes que provoquera cette portion de l'exposé.

et un corps en rapport avec ses facultés et ses mérites.

*
* *

L'on a souvent fait objection à la doctrine des incarnations en disant que, si elle était vraie, nous devrions conserver le

SOUVENIR DE NOS VIES PASSÉES

L'objection tombe d'elle-même, quand on est arrivé à comprendre que notre conscience de l'état de veille, — c'est-à-dire, la conscience de l'Ego en action dans le corps physique, — est déformée et limitée par l'incapacité du cerveau à répondre à la majeure partie des vibrations que l'Ego peut générer dans le corps causal, et que cet Ego lui-même n'a pas encore (1) un développement suffisant

---

(1) Pour l'humanité ordinaire, du moins. Les « disciples » sont conscients sur tous les sous-plans supérieurs du plan mental.

pour être conscient sur les sous-plans mentals où l'on peut évoquer le panorama du passé. Le cerveau physique ne conserve la mémoire que des événements auxquels il a participé; or le cerveau nouveau qui se forme à chaque incarnation, n'ayant pas vibré sous les souvenirs de l'existence précédente, ne peut en avoir la mémoire; ce n'est que lorsque l'Ego, dans le corps causal, — qui, lui, porte le souvenir des vies écoulées, — est capable de lire dans les « annales » (1) du monde, qu'il peut, — lorsque ses divers corps sont épurés et « harmonisés », — transmettre au cerveau la mémoire de ses vies antérieures.

LA LIBÉRATION

Cette succession des existences sur le plan physique et sur les mondes de l'Au-

(1) Voir *Les enregistrements akasiques*, par C. W. Leadbeater, *Revue théosophique française* de 1898.

delà continue jusqu'à ce que l'Ego ait atteint la perfection à laquelle le destine notre chaîne planétaire (1), c'est-à-dire, jusqu'à ce qu'il ait pleinement développé le corps atmique (2). Quand cette hauteur sublime est atteinte, l'Ego est *libéré ;* sa conscience s'est tellement étendue qu'il est apte à s'immerger, jusqu'à un certain point (3), dans la Divinité universelle, sans perdre son « moi », et jouir du repos nirvanique qui suit ce long pèlerinage terrestre. Il peut aussi, — et ici c'est la Loi, et non sa propre volonté, qui est son guide, — refuser la longue paix nirvanique et rester actif sur le point de l'Univers où sa présence est nécessaire : c'est ce qu'on a nommé la *Grande Renonciation.* Quand un Être libéré renonce à l'immense période de bonheur nirvanique à laquelle il a droit, les forces colossales qui s'y seraient

---

(1) Des états plus divins encore sont en réserve, sur d'autres planètes, pour les âmes qui ont achevé leur évolution terrestre. Une interminable, — tant elle est longue, — période de repos (*Nirvana*) sépare les évolutions planétaires.

(2) Corps divin.

(3) Les *Avatars* peuvent unir *complètement* leur conscience avec celle de Dieu.

dépensées, sont mises en réserve dans le capital que la compassion divine destine à l'humanité, et c'est de ce dépôt précieux, fruit du sacrifice des dieux, qu'est tirée l'aide (1) donnée, dans les moments critiques, aux humains défaillants sur la route du Golgotha évolutif.

LES MAITRES

C'est parmi ces grandes Ames (2) que se trouvent ceux que la terminologie théosophique a nommés les Maîtres, ces Exilés volontaires qui dirigent la terre et y exécutent les ordres de Dieu, invisibles ou visibles, connus ou inconnus, ne demandant ni foi, ni reconnaissance, satisfaits de guider les pas de leurs frères cadets et de leur éviter les chutes chaque fois que la Loi le permet, c'est-à-dire; le trouve avantageux pour leur évolution.

(1) La *grâce*, diraient les chrétiens.
(2) En sanscrit, *Mahatmas*.

LA SOCIÉTÉ THÉOSOPHIQUE

est l'œuvre de quelques-uns d'entre eux (1); Ils n'exigent point qu'on croie à eux ; Ils ne veulent pas de foi aveugle ; il leur suffit d'aider et instruire, d'aimer et soutenir : c'est aux hommes de juger de la valeur du foyer théosophique à la chaleur qu'il répand, à la lumière qu'il projette, à la force qu'il donne.

(1) Parmi les instruments que les Maîtres utilisent pour aider l'évolution de l'humanité, la Société théosophique est, actuellement, l'un des plus importants.

RENSEIGNEMENTS UTILES

Les personnes qui désireront étudier les doctrines théosophiques, pourront lire les ouvrages suivants, qui se trouvent à la **Librairie de l'Art indépendant**, 10, rue Saint-Lazare, Paris.

La théosophie pratiquée tous les jours, par la comtesse C Wachtmeister	0 fr. 50
La philosophie ésotérique de l'Inde, par le bramacharin Chatterji	2 fr. 00
L'A. B. C. de la théosophie, par le Dr Th. Pascal	0 fr. 50
Questionnaire théosophique élémentaire, par D. A. Courmes	1 fr. 00
Réincarnation : ses preuves morales, scientifiques, philosophiques et directes, par le Dr Th. Pascal	2 fr. 00
Les Sept Principes de l'homme, par le Dr Th. Pascal	2 fr. 00
La Mort et l'Au-delà, par Annie Besant	1 fr. 50
Le Plan astral (ou Purgatoire), par C.-W. Leadbeater	1 fr. 50
Le Karma (ou Loi de Causalité), par Annie Besant	1 fr. 00
L'Homme et ses corps, par Annie Besant	1 fr. 50
Le Bouddhisme ésotérique, par P. Sinnett	3 fr. 50
La Voix du silence, par H P. Blavatsky	1 fr. 00
La Lumière sur le sentier	1 fr. 25
La Bhagavad Gita (traduction par E. Burnouf)	2 fr. 50
La Clé de la Théosophie, par H. P. Blavatsky	3 fr. 50
Catéchisme bouddhiste, par H. S. Olcott	1 fr. 50

Les autres ouvrages ne sont pas utiles aux débutants.

Un organe mensuel, la *Revue théosophique française* le *Lotus Bleu*, donne des articles très intéressants, et publie par fascicules le grand ouvrage de H. P. Blavatsky, la *Doctrine secrète*. S'adresser, pour les demandes et paiement des abonnements à cette revue, à M. D. A. Courmes, directeur, 21, rue Tronchet, Paris. **10 fr.** par an (France), **12 fr.** (étranger).

Ceux qui voudront se mettre en rapport avec d'anciens étudiants des doctrines théosophiques, n'auront qu'à s'adresser soit à M. le D^r Th. Pascal, secrétaire général de la Section française de la Société théosophique, 116, rue Saint-Dominique, Paris, soit à M. le commandant D. A. Courmes, directeur de la *Revue théosophique française* le *Lotus Bleu*, 21, rue Tronchet, Paris, soit aux membres de la Société théosophique qu'ils pourront connaître.

La Société théosophique a pour but de former le noyau d'une fraternité universelle de l'humanité, sans distinction de sexe, de race, de rang ou de croyances.

Elle encourage aussi l'étude des religions comparées, de la philosophie et de la science, et elle facilite, dans certains cas, les recherches de ceux qui étudient les lois inexpliquées de la Nature et les pouvoirs latents dans l'homme.

Pour entrer dans cette Société, il suffit d'en faire la demande au secrétaire général de la Section, 116, rue Saint-Dominique, à Paris, ou au président de la Branche à laquelle on désire appartenir. On recevra, en retour, une formule de demande qu'on devra remplir et faire contresigner par *deux parrains*, membres de la Société théosophique (1).

Le droit d'entrée dans la Société est de 5 francs. La cotisation annuelle est de 5 francs et doit être payée, d'avance, le 31 janvier de chaque année au plus tard, au président de la Branche à laquelle on appartient, ou au secrétaire général de la Section si l'on n'appartient à aucune Branche.

(1) Une Branche est un groupement local d'un certain nombre de membres de la Société théosophique.

TABLE DES MATIÈRES

Avant-Propos	5
La Vérité	11
L'Esprit et la Lettre	12
La meilleure Religion	17
La Révélation	20
La Théosophie	23
Où sont les preuves?	25
Les principes essentiels de la Théosophie	27
La Fraternité	28
La loi de Causalité (*Karma*)	29
La Causalité n'est pas le fatalisme	31
La Réincarnation	35
La Constitution de l'homme	40
L'Ame	41
Corps physique	45
Corps astral, ou âme animale	47
Corps mental, ou âme humaine	50
Le but des Univers	52
Le but des vies successives	54
La mort	55
Le Purgatoire	56
Le Ciel	59
Le souvenir de nos vies passées	61
La Libération	65
Les Maîtres	67
La société théosophique	68
Renseignements utiles	69

FIN DE LA TABLE DES MATIÈRES

Imp. DESTENAY, Bussière frères. — St.-Amand (Cher.)

SAINT-AMAND, CHER. — IMPRIMERIE BUSSIÈRE FRÈRES

www.ingramcontent.com/pod-product-compliance
Lightning Source LLC
LaVergne TN
LVHW020959090426
835512LV00009B/1954